LUMIÈRE IMMORTELLE

Conseils aux Chefs de Famille
Sri Mata Amritanandamayi

Mata Amritanandamayi Center, San Ramon
Californie, États-Unis

Lumière Immortelle
Conseils aux Chefs de Famille

Publié par :
> Mata Amritanandamayi Center, P.O. Box 613
> San Ramon, CA 94583, États-Unis

---------- *Immortal Light (French)* ----------

Copyright © 1994 par Mata Amritanandamayi Mission Trust, Amritapuri, Kérala 690546, Inde
Tous droits réservés. Toute représentation, adaptation, exploitation, transcription, diffusion, ainsi que toute reproduction intégrale ou partielle, imprimée ou sous tout autre système de mémorisation ou de récupération, obtenue par quelque procédé que ce soit sans l'autorisation expressément écrite de Mata Amritanandamayi Mission Trust, est interdite.

Première édition par le Centre MA : septembre 2016

En France :
> Ferme du Plessis
> 28190 Pontgouin
> www.ammafrance.org

En Inde :
> www.amritapuri.org
> inform@amritapuri.org

Table des Matières

Préface	5
Mes enfants chéris	9
La vie spirituelle	17
Archana (la récitation des noms divins)	34
Mantra japa (la répétition d'un mantra)	42
Les temples	47
Le maître spirituel	56
Le service désintéressé	60
Karma yoga (la voie de l'action)	65
Satsang (demeurer en sainte compagnie)	70
La maison	72
Style de vie simple	81
La nourriture	84
La vie matrimoniale	93
L'éducation des enfants	99
Vanaprastha (la retraite)	105
Divers	107
Glossaire	113

Priez de tout votre cœur :
Seigneur,
fais que je pense à Toi tout le jour.
Fais que chacune de mes pensées,
de mes paroles et de mes actions me
rapproche de Toi. Fais en sorte que
je ne fasse de mal à personne, ni en
pensées, ni en paroles, ni en actions.
Sois avec moi à chaque instant.

– Amma

❦

Lorsque vous vous réveillez le matin, levez-vous du côté droit. Imaginez que votre Divinité bien-aimée ou votre Guru se tient debout devant vous, et prosternez-vous à Ses pieds. Vous pouvez ensuite méditer au moins cinq minutes, assis sur le lit. Priez de tout votre cœur : « Seigneur, permets-moi aujourd'hui de me souvenir de Toi constamment. Que chacune de mes pensées, de mes paroles et de mes actions me rapproche de Toi ! Ne me permets pas de blesser qui que ce soit en pensée, en parole ou en action ! Sois avec moi à tout instant ! »

❦

Réservez au moins une heure par jour aux pratiques spirituelles. Après la toilette du matin, la famille entière devrait se réunir pour adorer le Seigneur. Vous pouvez commencer l'*archana* (la récitation des noms divins) en méditant sur

La vie spirituelle

Mes enfants, essayez de vous lever avant cinq heures du matin. Le moment idéal pour les pratiques spirituelles telles que la méditation et la psalmodie, c'est *Brahma Muhurta* (entre trois et six heures du matin). Durant cette période, les qualités sattviques[1] (pures et tranquilles) dominent dans la Nature. De plus, l'esprit est clair et le corps plein d'énergie. Il n'est jamais bon de continuer à dormir après le lever du soleil. Ne restez pas au lit après votre réveil ; cela accroît la paresse et l'indolence. Ceux qui ne peuvent réduire subitement la durée de leur sommeil peuvent le faire par étapes. Quand on effectue une *sadhana* régulière, on a besoin de peu de sommeil.

---

[1] Voir *sattva* dans le glossaire

« J'ai choisi ce chemin pour trouver la paix intérieure. Pour acquérir cette paix, on bâtit généralement une maison, on se marie et on accepte divers emplois, n'est-ce pas ? Je trouve la paix et le bonheur sur le chemin spirituel. Mon but, ce n'est ni la libération ni un paradis auquel on accède après la mort, c'est la paix et le contentement. D'ailleurs, j'ai une question à vous poser : « Votre mode de vie vous apporte-t-il la paix et le bonheur ? »

Une fois que vous êtes montés dans un bateau ou dans un bus, vous n'avez pas besoin de continuer à porter votre fardeau. Posez vos bagages. Remettez tout entre les mains de Dieu. Si vous vivez en vous abandonnant totalement à Dieu, vous serez libérés de la souffrance. Il veillera sur vous et vous protégera toujours.

– Amma

aimez-les comme des frères et sœurs. Remettez vos actions entre les mains de Dieu et laissez Sa volonté prévaloir en toutes circonstances.

Mes enfants, si l'on met en cause le sens de votre vie, axée sur la spiritualité, répondez : « Chacun de nous recherche la paix et le bonheur, n'est-ce pas ? J'ai constaté qu'une vie consacrée à la spiritualité donne le bonheur et la paix. Pourquoi remettre en question mes valeurs ? Vous courez par monts et par vaux en quête du bonheur. Voyez combien vous dépensez pour acheter des objets de luxe inutiles, des drogues ou des choses dont vous n'avez pas réellement besoin. Pourquoi êtes-vous donc contrariés par le fait que j'aille dans un ashram et m'intéresse aux questions spirituelles ? » Acquérez la force de parler ainsi avec franchise. Ne soyez pas timide. Soyez brave ! Passez votre vie à entretenir notre noble héritage spirituel.

N'ayez pas honte de mener une vie consacrée à la spiritualité. Déclarez ouvertement :

spirituelle) dans la solitude, à heure fixe. Allez de temps à autre dans un ashram et passez-y quelque temps à pratiquer en silence le *japa* et la méditation. Oeuvrez pour le bien du monde, sans rien attendre en échange, autant que le temps et les circonstances vous le permettent.

L'amour est le fondement du monde. Si l'harmonie ne règne plus entre les humains, si nous perdons la capacité d'aimer, l'harmonie de la Nature, elle aussi, est détruite. L'atmosphère devient empoisonnée et n'est alors plus propice à la germination des graines ni à la croissance des arbres et des animaux. La terre ne donne plus de récoltes, les maladies se multiplient, les pluies diminuent et la sécheresse survient. Donc, Mes enfants, aimez-vous les uns les autres ! Pour le bien de la Nature, soyez droits, aimants et vertueux. Ne nourrissez ni colère ni jalousie envers quiconque. Ne dites jamais du mal d'autrui. Considérez tous les êtres comme les enfants de la Mère Universelle et l'approvisionnement des cuisines royales, il vous donnera peut-être une citrouille. Mais si vous obtenez la faveur du roi, toute la richesse du royaume sera vôtre. Si vous avez du lait, vous pouvez fabriquer du yaourt, du petit lait et du beurre. De même, si vous prenez refuge en Dieu, Il pourvoira à vos besoins tant matériels que spirituels. La dévotion envers Dieu vous apportera la prospérité, ainsi qu'à votre famille et à l'ensemble de la société.

Mes enfants, la vie doit se dérouler dans l'ordre et la discipline. C'est seulement ainsi qu'il est possible de connaître la béatitude intérieure sans dépendre des objets extérieurs. Pensez aux efforts immenses que l'on fournit pour passer un examen ou pour obtenir un emploi ! Mais qui s'efforce de se connaître, de parvenir à la béatitude éternelle ? Passons au moins le temps qui nous reste à progresser vers ce but. Répétez sans cesse votre mantra. Faites chaque jour votre *sadhana* (discipline même si nous commettons cent fautes, pour une seule action juste. C'est pourquoi, Mes enfants, ne vous attachez qu'à Dieu. Dédiez tout à Dieu.

Une fois que les enfants sont adultes, qu'ils sont mariés et autonomes, le seul but des parents devrait être de réaliser Dieu, en se consacrant aux pratiques spirituelles et au service désintéressé. S'ils le peuvent, qu'ils aillent vivre dans un ashram. S'ils continuent à s'inquiéter de leurs enfants, cela ne profite à personne. Si en revanche ils consacrent leurs journées à penser à Dieu et à répéter Son Nom, plusieurs générations passées et futures en bénéficieront.

Mes enfants, priez Dieu en remettant tout entre Ses mains ; que le seul but de votre vie soit de Le connaître. Si vous prenez refuge en Dieu, vous recevrez tout ce dont vous avez besoin. Vous ne manquerez jamais de rien. Si vous vous liez d'amitié avec le responsable de qu'il nous faut acquérir avant tout. Une fois que nous avons pris conscience du bon et du mauvais côté des choses, nous sommes libres de choisir le chemin qui conduit à la joie éternelle. On ne peut goûter la béatitude éternelle qu'en s'efforçant de réaliser le Soi.

Ne pensez pas que vos parents, vos enfants, les membres de votre famille seront éternellement à vos côtés. Ils seront avec vous tout au plus jusqu'à votre mort. Mais sachez que la vie ne se termine pas après les soixante ou quatre-vingts années passées ici-bas. Il vous reste encore beaucoup d'autres vies à vivre. De même que vous épargnez de l'argent à la banque pour satisfaire vos besoins matériels, accumulez des biens éternels tant que vous en avez les capacités physiques et mentales : répétez le nom de Dieu et accomplissez des actions vertueuses.

Nous aurons beau agir cent fois de façon correcte, il suffit d'une erreur pour que les gens nous rejettent. Dieu, en revanche, nous accepte ce dont nous avons réellement besoin. C'est elle qui constitue la richesse suprême.

Mes enfants, ne pensez pas que cette paix puisse s'acquérir au moyen des richesses matérielles. Il arrive que des gens riches qui logent dans des maisons climatisées se suicident, n'est-ce pas ? Les habitants des pays occidentaux sont nantis et jouissent d'un grand confort matériel. Pourtant, ils ne goûtent pas un moment de paix. Ce qui détermine si nous sommes heureux ou malheureux, ce ne sont pas les objets extérieurs, c'est notre disposition intérieure. Le paradis et l'enfer sont ici, sur cette terre. Si nous comprenons le rôle et l'utilité de chaque objet et vivons en accord avec cette compréhension, nous n'aurons plus de raison de nous affliger. Comment vivre sur cette terre, comment mener une vie heureuse malgré les obstacles que nous rencontrons, voilà ce que nous enseigne la connaissance spirituelle. : l'art de maîtriser le mental. C'est cette connaissance

Mes enfants chéris

Ce corps n'est pas éternel. Il peut périr à tout instant. C'est après des naissances innombrables que nous avons obtenu ce corps humain. Si nous gâchons notre existence en vivant comme des animaux et en ne recherchant que les plaisirs triviaux, il nous faudra peut-être redescendre l'échelle de l'évolution et renaître sous une forme animale avant d'obtenir une nouvelle incarnation humaine.

De nos jours, les êtres humains sont agités par des désirs sans fin. Il est vain de s'acharner à tous les satisfaire : cela est impossible. Les gens perdent leur temps à se lamenter sur ce qu'ils n'ont pas pu obtenir. Ils ruinent ainsi leur paix intérieure et leur santé. La paix intérieure, voilà

Préface

l'huile des pratiques spirituelles. Prions Amma qu'elle nous aide à apporter notre petite contribution, un peu de lumière à notre époque plongée dans le matérialisme.

Examinons notre vie : non seulement nous avons oublié le but ultime de la vie, mais nous avons aussi perdu l'atmosphère favorable à l'acquisition de la connaissance réelle. Pour réveiller la société actuelle, privée de spiritualité, il est essentiel de réformer le code de la vie de famille et de donner des directives qui nous conduiront à la réalisation de la vérité suprême.

Ceux qui règlent leur vie sur les conseils d'Amma n'auront pas besoin de partir en quête du bonheur : Le bonheur viendra à eux. Avec une sagesse pleine d'amour, Amma a donné à Ses enfants des règles simples qui permettent de mener une vie de famille heureuse et pleine de sens. Les pratiques spirituelles, le service d'autrui et l'abandon à Dieu en font partie intégrante.

La flamme allumée par Amma dans le sanctuaire de notre cœur continuera à briller avec éclat et prendra une ampleur incommensurable si nous y versons quotidiennement

Préface

Il existe une Vérité éternelle, immuable. Le but de la vie humaine est de réaliser cette Vérité. De temps à autre, de grandes âmes apparaissent parmi nous pour nous prendre la main et nous guider vers cette vérité. Ces sages nous transmettent le message des Écritures dans un style adapté à l'époque et à la culture où ils vivent, en y ajoutant la douceur de leur propre expérience.

Les paroles d'Amma indiquent aux humains d'aujourd'hui, qui se noient dans l'océan du *samsara* (le cycle de la naissance, de la mort et de la renaissance) comment atteindre la rive et goûter le nectar de la béatitude éternelle. Ses paroles sont un flambeau inextinguible qui guide ceux qui errent dans les ténèbres de la vie matérialiste vers la lumière intérieure du Soi.

La vie spirituelle

votre maître spirituel et en psalmodiant les noms qui le glorifient. Récitez ensuite les cent huit noms ou les mille noms de la Mère divine ou ceux de votre divinité d'élection. Vous pouvez aussi répéter votre mantra, méditer ou chanter des hymnes durant ce moment.

◈

Quoi que vous fassiez une fois l'*archana* terminé, efforcez-vous de garder constamment vivante la pensée de Dieu. Quand vous vous asseyez ou vous levez, prosternez-vous d'abord sur le sol. Il est bon de cultiver l'habitude de Considérer vos stylos, vos livres, vos vêtements, vos récipients et vos outils de travail comme imprégnés de la Présence Divine, et donc de les utiliser avec soin et respect. Touchez chaque objet avec révérence avant de le prendre. Cela vous aidera à garder la pensée de Dieu dans votre corps, dans votre esprit et dans l'atmosphère. De telles actions deviendront en outre une source d'inspiration pour ceux qui les observent.

⁂

Lorsque nous nous rencontrons, saluons-nous en échangeant des paroles qui éveillent le souvenir de Dieu comme « Om Namah Shivaya », « Hari Om », « Jai Ma », et ainsi de suite. Enseignez aux enfants à faire de même. « Om Namah Shivaya » signifie en réalité « Salutations à Celui qui est propice ». Quand nous levons la main pour dire « Au revoir », notre geste indique que nous nous allons nous séparer, alors que quand nous joignons les mains et inclinons la tête (*pranam*), nos cœurs se rapprochent.

⁂

Employez tout votre temps disponible, que ce soit au bureau ou ailleurs, à réciter votre mantra ou à lire des livres sur la spiritualité. Ne vous laissez pas entraîner dans des bavardages inutiles et essayez toujours d'orienter la conversation vers des sujets spirituels. Évitez à tout prix la mauvaise compagnie.

❦

Celui qui pratique régulièrement le contrôle de la nourriture, le *japa* et la méditation, obtiendra peu à peu la force d'observer la chasteté. Pendant certaines périodes de la *sadhana*, il se peut que les tendances innées surgissent et provoquent un puissant réveil du désir. Si cela se produit, sollicitez sur ce point l'avis du Guru. Cherchez refuge en Dieu et ne craignez rien. Faites de votre mieux et maintenez autant que possible le contrôle de vous-même.

❦

Il est bon de tenir un journal. Vous pouvez y noter chaque soir avant d'aller dormir combien de temps vous avez consacré à votre *sadhana*. Ce journal devrait être tenu de façon à vous permettre de voir vos erreurs. Efforcez-vous ensuite de les corriger. Il ne s'agit pas de tenir un registre des fautes d'autrui ni de vos transactions journalières.

❦

Juste avant de dormir, méditez au moins cinq minutes assis sur le lit, puis prosternez-vous devant votre Divinité ou votre Guru. Ce faisant, imaginez que vous tenez fermement les pieds de votre divinité et priez du fond du cœur : « Seigneur, daigne m'accorder Ton pardon pour les fautes que j'ai commises aujourd'hui, consciemment ou inconsciemment. Donne-moi la force de ne pas recommencer. »

Imaginez ensuite que vous êtes allongé la tête sur ses genoux ou encore à ses pieds, ou bien que la Divinité est assise à côté de vous. Glissez dans le sommeil en répétant votre mantra. Ainsi, le souvenir du mantra ne sera pas interrompu pendant le sommeil. Les enfants devraient eux aussi acquérir cette habitude.

La vie spirituelle

Il faut les habituer à des horaires de sommeil réguliers.

~~~

Il est très bénéfique d'observer chaque jour deux heures de silence. Si nous pouvons de plus garder le silence un jour par semaine, notre progrès spirituel en sera grandement favorisé. On peut se demander : « N'y a-t-il pas des pensées dans le mental même quand, extérieurement, nous demeurons silencieux ? » Observez l'eau dans un réservoir : Il y a bien des vagues à la surface, mais pas une goutte n'est perdue. Ainsi, lorsque nous observons le silence, bien que les pensées continuent de courir dans notre esprit, nous ne perdons que peu d'énergie. C'est en parlant que nous perdons le plus de force vitale. La durée de vie d'une colombe qui roucoule sans cesse est courte tandis que la tortue silencieuse vit longtemps. Chanter les Noms de Dieu n'est pas un obstacle au vœu de silence. Le silence (*maunam*) consiste à éviter les pensées et les conversations qui ne sont pas tournées vers Dieu.

❦

Un chercheur spirituel n'a pas de temps à perdre en bavardages. Il ne souhaite pas parler durement à qui que ce soit. Ceux qui critiquent sans cesse autrui ne progressent jamais spirituellement. Ne blessez personne, en pensées, en paroles ou en actes. Soyez plein de compassion pour tous les êtres. *Ahimsa* (la non-violence) est le *dharma* (devoir) suprême.

❦

Témoignez du respect envers tous les grands maîtres et les *sannyasis* (moines). S'ils entrent dans votre maison, recevez-les avec le respect et l'obéissance qui leur sont dus. L'humilité, la dévotion et la foi nous rendront dignes de leurs bénédictions. Les rites traditionnels n'y suffiront pas, la pompe et le décorum encore moins.

La vie spirituelle

❦

Ne prêtez pas l'oreille à ceux qui parlent en mal des sages et des maîtres. Si l'on critique quelqu'un devant vous, n'écoutez pas et ne vous laissez pas aller la médisance. Quand vous nourrissez des pensées négatives envers autrui, votre esprit et votre coeur deviennent impurs.

❦

Consacrez chaque jour un peu de temps à la lecture de livres sur la spiritualité car il s'agit aussi d'une forme de *satsang* (compagnie des saints ou du divin). Gardez à portée de la main un livre des enseignements de votre Guru, ou encore la Bhagavad Gita, le Ramayana, le Bhagavata, la Bible ou le Coran pour en lire chaque jour un extrait. Apprenez-en par cœur au moins un verset par jour. Quand vous avez du temps, lisez également d'autres livres sur la spiritualité. La lecture des biographies et de l'enseignement des grands maîtres contribuera à affermir votre esprit de renoncement et vous aidera à saisir facilement les principes de la spiritualité. Prenez des notes en lisant ou en écoutant des enseignements spirituels. Ces notes vous seront certainement utiles par la suite.

※

Mes enfants, priez pour le bien de tous. Priez Dieu qu'Il bénisse même ceux qui désirent vous nuire et qu'Il les rende meilleurs. Si un voleur habite dans le voisinage, il est difficile de dormir en paix. Quand vous priez pour le bien d'autrui, c'est vous qui gagnez la paix intérieure. Mes enfants, récitez tous les jours le mantra « Om lokah samastah sukhino bhavantu ! » (« Que le monde entier soit heureux ! »), pour que la paix règne dans le monde.

※

Que votre vie soit fermement enracinée dans la Vérité. Abstenez-vous de mentir. En cet âge

La vie spirituelle

sombre du matérialisme *(Kali yuga)*, l'adhésion à la Vérité est la plus grande des ascèses. Il peut vous arriver d'avoir à mentir pour protéger quelqu'un ou pour maintenir le dharma, mais veillez à ne jamais mentir dans un but égoïste.

❦

Le cœur est un sanctuaire. C'est dans votre cœur qu'il faut installer Dieu. Les bonnes pensées sont les fleurs que vous Lui offrez en adoration. Les bonnes actions constituent le rituel *(puja)*, les bonnes paroles sont les hymnes et l'amour est l'offrande de nourriture.

❦

La méditation ne consiste pas simplement à rester assis les yeux clos. Accomplissez toute action comme une adoration. Tâchez de percevoir en tout la présence de Dieu. C'est cela, la véritable méditation.

❦

Usez de la radio, de la télévision et du cinéma

avec discernement. Suivez uniquement les programmes qui améliorent vos connaissances et votre conscience de la culture (Amma désigne ainsi la culture du cœur, ndt). La télévision est « télé-visham » (*visham* signifie *poison* en Malayalam, la langue maternelle d'Amma.). Si nous n'y prenons garde, elle peut corrompre notre culture. En outre, nous allons gaspiller notre temps et nous abîmer la vue.

❧

Ce dont les êtres humains ont besoin, c'est de la paix intérieure. Celle-ci ne peut être obtenue que par la maîtrise du mental.

❧

Pardonnons et oublions les fautes d'autrui. La colère est l'ennemi de tout aspirant spirituel. Quand nous sommes en colère, nous perdons de l'énergie par tous les pores de la peau. Dans les circonstances où notre mental est tenté de se mettre en colère, maîtrisons-le et décidons

La vie spirituelle

fermement : « Non ». Retirons-nous dans un endroit solitaire et répétons notre mantra. Le mental se calmera de lui-même.

❧

Ceux qui ne sont pas mariés devraient préserver leur énergie vitale en observant la chasteté. Pour transformer l'énergie ainsi obtenue en *ojas* (la forme la plus subtile de l'énergie vitale), il s'agir d'accomplir en outre une *sadhana*. Quand *ojas*, augmente, l'intelligence, la mémoire, la santé et la beauté s'en trouvent accrues. Vous ferez l'expérience d'un bonheur constant.

❧

Aucun progrès n'est possible sans discipline. Une nation, une institution, une famille ou un individu ne peut avancer qu'en se conformant aux paroles de ceux qui méritent le respect, en obéissant à des lois et à des règles adéquates. L'obéissance n'est pas une faiblesse. L'obéissance alliée à l'humilité, conduit à la discipline.

○○○

Pour que le potentiel d'Une graine se manifeste, pour qu'elle devienne une plante, il faut qu'elle s'enfonce dans le sol. Nous ne pouvons grandir que grâce à la modestie et à l'humilité. La fierté et l'orgueil mènent à la destruction. Vivez avec la ferme conviction : « Je suis le serviteur de tous », soyez pleins d'amour et de compassion. Alors l'univers entier se prosternera devant vous.

○○○

À quoi sert-il de vivre si sur les vingt-quatre heures de notre journée, nous ne sommes pas capables d'en garder une pour penser à Dieu ? Réfléchissez au nombre d'heures que vous passez à lire les journaux, à bavarder, à faire des actions inutiles. Mes enfants, si vous le voulez réellement, vous pouvez sans nul doute réserver une heure à la *sadhana*. Considérez ce moment comme le plus précieux de

La vie spirituelle

---

la journée. Si vous ne pouvez pas libérer une heure entière, prenez une demi-heure le matin et une autre le soir.

❦

La méditation accroît notre vitalité et affermit notre intelligence. Elle rehausse notre beauté, affine notre intellect et améliore notre santé. Nous y puisons le courage et la patience nécessaires pour affronter tous les problèmes de la vie. Donc, méditez ! Seule la méditation peut vous permettre de trouver le trésor que vous cherchez.

❦

La pratique quotidienne des postures de yoga ou de *suryanamaskara* (salutation au soleil) est excellente pour la santé et pour la *sadhana*. Le manque d'exercice est la source de nombreuses maladies contemporaines. Dès que vous le pouvez, marchez au lieu de prendre la voiture ou le bus. N'ayez recours aux transports que pour couvrir de longues distances. Prenez votre bicyclette chaque fois que possible. Cela vous fera en outre faire des économies.

Mes enfants, de temps en temps, allez dans les orphelinats, les hôpitaux et les foyers pour les pauvres. Rendez visite aux pauvres, aux malades, aux nécessiteux. Emmenez avec vous les membres de votre famille, offrez votre aide à ceux qui en ont besoin et veillez à leur bien-être. Une parole dite avec amour et intérêt réconfortera davantage ceux qui souffrent que n'importe quelle somme d'argent. Et vous y gagnerez l'ouverture du cœur.

Essayez de passer au moins deux ou trois jours par mois dans un ashram. Le seul fait de respirer l'air sain qui y règne purifiera votre corps et votre esprit et leur insufflera de la force. Ayant ainsi rechargé vos batteries, une fois rentrés

La vie spirituelle

chez vous, vous aurez envie de continuer votre méditation et votre *japa*.

Coutumes et rituels devraient être fondés sur l'amour. Les actes extérieurs, lorsqu'ils ne sont pas accomplis avec l'attitude juste, sont inutiles. L'humilité, la dévotion et une intention pure devraient gouverner tous nos actes. Pour que s'instaure une véritable discipline, soyez humbles et obéissants. L'humilité et l'obéissance sont comme la graisse que l'on applique aux rouages d'une machine. Si l'on oublie de graisser la machine, elle casse.

Archana (la récitation des noms divins)

Le matin, après la douche, les membres de la famille devraient se réunir pour faire l'*archana*. S'i vous n'avez pas la possibilité de le faire en famille, alors contentez-vous de le faire individuellement. Si les circonstances ne vous permettent pas de prendre une douche, lavez-vous au moins les mains et le visage, mais n'interrompez pas votre pratique quotidienne d'*archana*.

◈

Certaines femmes ont davantage de pensées négatives durant leurs règles. Il est alors d'autant plus nécessaire de répéter un mantra. En Inde, la coutume veut que les femmes ne participent pas aux rituels avec les autres pendant cette période. Elles peuvent s'asseoir à l'écart et réciter leur mantra ou accomplir l'*archana* seules. Certains pensent que les femmes ne devraient pas chanter les Mille Noms de Dévi quand elles ont leurs règles, mais Amma vous assure qu'elles ne commettent aucune erreur en le faisant. La Mère Divine n'écoute que le langage du cœur.

Autant que possible, personne ne devrait dormir dans la maison durant l'*archana*. Si nous avons sommeil pendant la récitation, levons-nous et continuons à réciter les noms. Mes enfants, n'oubliez pas que la forme subtile de la Divinité Bien-Aimée est présente là où l'on accomplit l'*archana*. Il n'est pas correct de partir ou de parler d'autre chose tant que dure l'*archana*.

Pendant l'*archana*, il peut être bon de placer devant vous une image de votre divinité bien-aimée. Avant de commencer la récitation, Méditez cinq minutes. Visualisez votre Divinité d'élection clairement de la tête aux pieds, puis encore une fois des pieds à la tête. Vous pouvez imaginer que la Divinité sort du lotus de votre cœur, et qu'elle vient s'asseoir sur un siège spécial placé devant vous. À chaque mantra, imaginez que vous offrez des fleurs aux pieds sacrés de la divinité. Visualisez dans votre cœur un arbre en fleurs et imaginez que vous cueillez et offrez les fleurs blanches de cet arbre. Lorsque les fleurs naturelles manquent ou sont insuffisantes, vous pouvez faire l'*archana* avec des fleurs imaginaires (*manasa pushpam*) venant du cœur. De telles fleurs, offertes avec dévotion, sont chères au Seigneur. Les fleurs du cœur sont l'humilité, la dévotion et une attitude d'abandon de soi.

Archana

Ce à quoi nous sommes le plus attachés, ce qui nous est le plus cher, c'est cela que nous devrions offrir au Seigneur. Une mère ne donne-t-elle pas uniquement le meilleur à son enfant ?

❦

Accomplir quelques *pranayamas* (exercices de respiration) avant l'*archana* favorise la concentration. Asseyez-vous le dos droit, fermez la narine droite, inspirez par la narine gauche, puis expirez par la narine droite en fermant la gauche. Inspirez ensuite par la droite et expirez par la gauche. Ceci constitue un exercice de pranayama complet. Vous pouvez le répéter trois fois. En inspirant, essayons d'imaginer que toutes les qualités pénètrent en nous. À l'expiration, imaginons que les traits de caractère indésirables, les pensées malfaisantes et les mauvaises *vasanas* (tendances) s'éloignent de nous sous forme d'obscurité.

Akshata, le grain de riz entier, lavé et séché, mélangé à une pincée de poudre de curcuma et à une ou deux gouttes de *ghee* (beurre clarifié), peut être utilisé pour l'*archana* à la place des fleurs. Après l'*archana*, vous pouvez le recueillir et l'ajouter aux céréales ou au riz que vous faites cuire.

⁂

Quand vous faites l'*archana* en groupe, une personne doit réciter chaque mantra et les autres reprendre en choeur. Il faut dire les mantras lentement, distinctement et avec dévotion.

Au début, tout le monde ne sera pas capable de répéter clairement chaque mantra du *Lalita Sahasranama* (les Mille Noms de la Mère Divine). Dans ce cas, on peut répondre avec un seul mantra. Lors de la récitation du Lalita Sahasranama, la réponse est « *Om Parashaktyai*

Namaha » ou « *Om Sivasaktyaikya Rupinyai Namaha* ». [2]

❦

Ne vous levez pas immédiatement à la fin de l'*archana*. Mentalement, ramenez la divinité et réinstallez-la dans votre cœur. Visualisez la forme de la divinité assise dans votre cœur, méditez un moment. Si vous en avez la possibilité, chantez un ou deux *kirtans* (hymnes). Après une piqûre, on demande au malade de se reposer quelques minutes pour laisser le médicament se répandre dans le corps. De même, pour obtenir pleinement les bienfaits des mantras, notre esprit doit demeurer calme un moment après l'adoration.

❦

À la fin de l'*archana*, prosternez-vous, puis levez-vous et, tout en restant à la même place,

---
[2] Lors de la récitation des 108 Noms d'Amma, la réponse est « *Om Amriteswaryai Namaha* ».

tournez sur vous-même trois fois, dans le sens des aiguilles d'une montre, comme si vous faisiez le tour d'un temple. Prosternez-vous de nouveau, asseyez-vous et méditez un moment.

Mettez les pétales utilisés pour l'*archana* sous un plant de *tulsi* (basilic), sous un arbre sacré, jetez-les dans une rivière ou enterrez-les dans un coin de la cour ou du jardin, là où personne ne viendra les piétiner.

❦

Si vous dites quotidiennement avec dévotion les Mille Noms de la Mère Divine, vous progresserez spirituellement. Une famille qui récite le *Lalita Sahasranama* avec dévotion ne manquera jamais du nécessaire, elle ne manquera jamais de nourriture ni de vêtements.

❦

Efforcez-vous de considérer tous les noms de l'*archana* comme ceux de votre divinité bien-aimée. Imaginez que c'est elle qui apparaît sous toutes ces formes. Si vous vénérez Krishna, lorsque vous récitez les noms de la Mère Divine, imaginez que Krishna est venu sous la forme de Dévi. Ne croyez pas que Krishna pourrait être contrarié en vous entendant psalmodier les Noms de Dévi. Ces différences existent dans notre monde, pas dans le Sien.

Mantra japa (la répétition d'un mantra)

En cet âge noir du matérialisme, enfants, la répétition constante d'un mantra *(japa)* est la méthode la plus simple pour parvenir à la purification intérieure et à la concentration. Le *japa* peut être accompli à tout moment, en tout lieu, sans observer aucune règle quant à la pureté du mental et du corps. Vous pouvez répéter votre mantra quelle que soit la tâche que vous accomplissez

◈

La pratique du mantra *japa* et de la méditation doit être quotidienne, sans jamais y faillir. Nous ne recevrons les bienfaits de la répétition du mantra que si nous sommes réguliers dans

Japa

notre pratique. Un fermier ne peut espérer une récolte en se contentant de lire des livres d'agriculture. Il doit mettre ses connaissances en pratique. C'est grâce à son travail qu'il obtiendra une récolte.

༺ৎ༻

Pour acquérir l'habitude du *japa,* Décidez de répéter votre mantra un certain nombre de fois par jour. Il est utile d'employer un rosaire *(mala)* pour faire le *japa*. Le rosaire peut avoir 108, 54, 27, ou 18 perles de rudraksha, tulasi, cristal, santal, ou pierres précieuses avec une perle principale (*meru*) (appelée aussi perle du Guru ; ndt). Prenez la décision de dire un certain nombre de mantras chaque jour. Dès le réveil, efforcez-vous de réciter constamment votre mantra intérieurement, même dans les transports ou au travail. Il est recommandé d'obtenir un mantra d'un Maître Réalisé *(Sat-Guru)*. Tant que vous n'avez pas eu ce mantra, vous pouvez réciter un mantra consacré à votre

Divinité d'élection, comme par exemple « *Om Namah Shivaya* », « *Om Namo Bhagavate Vasudevaya* », « *Om Namo Narayana* », « *Hare Rama Hare Rama Rama Rama Hare Hare, Hare Krishna Hare Krishna Krishna Krishna Hare Hare* », « *Hari Om* », « *Om Parashaktyai Namaha* », « *Om Shivashaktyaikya Rupinyai Namaha* », « *Soham* » ou le nom du Christ, d'Allah, ou de Bouddha.

༻❀༺

Essayez de ne pas interrompre un seul instant la récitation de votre mantra. Continuez à le répéter quelle que soit votre activité. Il ne vous sera pas toujours possible au début de chanter le mantra intérieurement, pratiquez donc tout d'abord le *japa* en remuant sans cesse les lèvres, comme un poisson boit de l'eau. Si vous persistez dans votre *japa*, vous cesserez toute conversation inutile pendant le travail. Votre esprit sera toujours tranquille. Les maladies contemporaines sont principalement psychosomatiques. Le mantra *japa* vous apportera la santé, tant mentale que physique.

❧

Si une activité ne vous permet pas de chanter le mantra, alors priez avant de commencer : « Seigneur, accorde-moi Ta bénédiction pour que je puisse accomplir ce travail d'une manière qui Te soit agréable ! » Lorsque vous avez terminé, priez de nouveau le Seigneur pour qu'Il pardonne les fautes que vous pourriez avoir commises, consciemment ou inconsciemment.

❧

Si vous perdiez votre argent au cours d'un voyage, imaginez avec quelle frénésie vous le chercheriez ! De même, si vous ne pouvez accomplir votre *japa* ne serait-ce qu'un bref instant, vous devriez le déplorer et prier : « Hélas, Seigneur, j'ai perdu tout ce temps ! » si vous êtes conscient qu'il s'agit-là d'une perte irrémédiable, vous réussirez à compenser le temps perdu.

Une bonne pratique consiste à écrire au moins une page de mantra chaque jour. De nombreuses personnes obtiennent une meilleure concentration en écrivant qu'en récitant. Essayez aussi d'inculquer à vos enfants l'habitude de répéter et d'écrire avec application leur mantra. Ceci les aidera en outre à améliorer leur écriture. Ne jetez pas le cahier rempli de mantras, gardez-le précieusement dans la pièce où vous avez l'habitude de méditer et de prier.

Les temples

Les temples sont des endroits où le souvenir de Dieu s'allume, au moins un court instant dans les cœurs, fussent-ils par ailleurs totalement plongés dans le monde. Toutefois, cela ne signifie pas qu'il faut se cantonner jusqu'à la mort aux rituels des temples. Rien de mal ne peut nous advenir si nous pratiquons quotidiennement le *japa* et la méditation dans la solitude, sans rendre visite à aucun temple. En revanche, si nous ne sommes pas capables d'installer fermement le Seigneur dans notre cœur, une vie entière de visites au temple ne nous sera d'aucun secours.

༺༻

Lorsque vous vous rendez dans un temple ou

auprès d'un Maître Spirituel, n'y allez pas les mains vides. Offrez quelque chose en signe d'abandon de vous-même, même si ce n'est qu'une fleur.

Offrir une guirlande de fleurs achetée dans un magasin ou offrir une guirlande confectionnée avec les fleurs de votre jardin sont deux actes très différents. Lorsque vous plantez les fleurs dans cette intention, que vous les arrosez, les cueillez, que vous fabriquez la guirlande et l'emportez au temple, seule la pensée de Dieu occupe votre esprit. Le Seigneur accepte tout ce qui Lui est offert avec un amour intense. Quand vous achetez une guirlande dans un magasin et en décorez la Divinité, il s'agit juste d'un geste rituel. Offrir une guirlande de fleurs du jardin, en revanche, est un acte de pure dévotion et d'amour.

Les temples

Lorsque vous vous rendez au temple, ne vous précipitez pas pour avoir le *darshan* (vision) de la Divinité, puis faire quelques offrandes et retourner en hâte à la maison. Restez un moment debout devant l'idole, patiemment, en silence, et essayez de visualiser la Divinité dans votre cœur. Si possible, asseyez-vous pour méditer. À chaque pas, souvenez-vous de faire votre *japa*.

Cela ne signifie pas que les offrandes et l'adoration sont inutiles, mais parmi toutes les offrandes faites à Dieu, celle qu'il apprécie le plus est celle de votre cœur !

❧

Si l'on nous recommande d'apporter une offrande au temple (ou de la déposer aux pieds du maître spirituel), ce n'est pas parce que le Seigneur (ou le maître) a besoin de richesses ni de quoi que ce soit d'autre. La véritable offrande consiste à offrir son esprit et son cœur. Comment y parvenir ? Vous ne pouvez pas offrir votre mental en tant que tel, mais seulement les objets auxquels il est attaché. Aujourd'hui votre mental est peut-être profondément attaché à l'argent et aux possessions matérielles. En les abandonnant à Dieu, c'est votre cœur que vous offrez. La charité est fondée sur ce principe.

༺ꕥ༻

Certains pensent que le dieu Shiva réside uniquement à Kashi ou que le Seigneur Krishna ne se trouve qu'à Vrindavan. Ne pensez pas que Dieu soit confiné aux quatre murs d'un temple ou à l'enceinte d'une ville. Il est Omnipotent et Omniprésent. Il peut prendre n'importe quelle forme de Son choix. Efforcez-vous de percevoir la présence de votre Divinité d'élection en toute chose. La dévotion réelle, consiste à voir la forme divine que nous révérons non seulement dans le temple, mais aussi en tout être vivant, et à Le servir en conséquence. Si votre Divinité d'élection est Krishna, voyez Krishna partout, dans tous les temples, qu'ils soient consacrés à

Les temples

Shiva ou à Dévi. Mes enfants, ne pensez pas que Shiva puisse se mettre en colère si vous ne Le vénérez pas dans un de ses temples, ou que la Mère Divine nous refuse Ses bénédictions pour cette raison. Un homme est appelé « mari » par sa femme, « père » par son fils et « frère » par sa sœur. Bien que les autres s'adressent à lui en employant différents noms, il ne change pas pour autant. Chacun d'entre nous prie Dieu sous une forme particulière et Le nomme en fonction de ses tendances innées et de son imagination. Ne nous servons-nous pas toujours du même nom pour désigner la même personne ? Ainsi, pour adorer Dieu, nous avons besoin d'un nom, d'une forme aimée. « Késhava nous répondra-t-Il si nous l'appelons Madhava ? »[3] dirons-nous. Mais nous ne nous adressons pas ici à un individu ordinaire. Nous appelons le Seigneur Omniscient. Il connaît notre coeur.

---

[3] Késhava et Madhava sont deux des nombreux noms de Krishna.

Quel que soit le nom que nous employons, Il sait bien que nous nous adressons à Lui.

༄

Vous aurez beau aller au temple, faire avec révérence le tour du sanctuaire et déposer vos offrandes dans la boîte réservée aux dons, si en sortant vous insultez le mendiant qui attend à la porte, où est votre dévotion ? La compassion envers les pauvres est notre devoir envers Dieu. Amma ne dit pas qu'il faut donner de l'argent à tous les mendiants assis devant les temples, mais ne les méprisez pas. Priez pour eux. Si nous éprouvons de la haine envers autrui, notre cœur devient impur. Aimer tous les êtres de manière égale, c'est Dieu.

༄

Les festivals organisés dans les temples sont destinés à l'éveil spirituel et culturel du peuple. De nos jours, les programmes associés aux festivals ne servent que rarement ce propos.

Les temples

Dans l'enceinte du temple ne devraient avoir lieu que des activités qui contribuent à notre croissance spirituelle. L'atmosphère du temple doit vibrer des Noms de Dieu. Une fois passée la porte du temple, mettons un terme à tout bavardage inutile. Notre esprit doit se concentrer totalement sur Dieu. Faire tous les efforts possibles pour restaurer la sainteté des temples, telle est la responsabilité des chefs de famille. En conséquence, ceux qui se préoccupent de leur héritage spirituel devraient oeuvrer de concert avec les comités attachés aux temples pour remédier à la situation déplorable qui prévaut actuellement.

❦

De nombreux prêtres et employés des temples travaillent pour un salaire. Ne jugez jamais l'ensemble de la religion d'après les faiblesses de telles personnes. C'est à nous qu'il appartient de créer une atmosphère adéquate, afin que personne ne soit tenté de recourir à la malhonnêteté.

Les véritables guides spirituels sont ceux qui s'engagent dans le service désintéressé tout en consacrant leur vie entière à accéder au stade ultime, à l'union mystique avec Dieu.

❦

Ce sont les êtres humains qui insufflent l'énergie vitale à l'idole dans le temple. Si personne ne sculpte la pierre, elle ne deviendra jamais une idole. Si personne ne l'installe dans un temple, elle ne sera pas sanctifiée. Si elle n'est pas vénérée, elle n'accumulera aucun pouvoir. Sans l'effort humain, il ne peut y avoir de temples. Mais une idole consacrée par un maître spirituel authentique qui a atteint l'union avec le divin et qui est donc l'égal de Dieu, possède un pouvoir très spécial.

❦

Dans les temps anciens, les temples n'existaient pas, il n'y avait que des lignées de gurus et de disciples. Les temples sont pour les gens

Les temples

---

ordinaires. Nous enseignons aux enfants aveugles en utilisant l'écriture Braille. On pourrait se demander pourquoi on ne leur enseigne pas à lire de la même manière qu'aux autres enfants. Eh bien, ce n'est pas possible. Pour les non-voyants, cette méthode spéciale est nécessaire. Ainsi, les gens de notre époque ont besoin des temples pour concentrer leur esprit sur Dieu.

Inutile de construire de hautes tours neuves pour restaurer le caractère sacré d'un temple. Il s'agit plutôt de célébrer régulièrement les rituels d'adoration conformément à la tradition, d'organiser des *satsangs* (discours spirituels), des chants dévotionnels, etc. Ce sont la dévotion et la foi qui chargent le temple d'énergie spirituelle, non les rituels et les cérémonies. Si vous êtes impliqués dans l'administration d'un temple, rappelez-vous bien cela.

Le maître spirituel

Les ashrams et les gurukulas sont les piliers de notre culture spirituelle. Si nous pratiquons notre *sadhana* en suivant les directives d'un *satguru* (maître réalisé), il est inutile de chercher ailleurs. Tout ce dont nous avons besoin nous sera donné par le maître.

◈

Mes enfants, nous ne pouvons grandir spirituellement que si nous voyons le maître spirituel comme une manifestation de Dieu. N'acceptons jamais un maître spirituel avant d'être totalement convaincu qu'il est authentique et honnête. Mais une fois que nous avons choisi un maître, abandonnons-nous à lui sans réserve. C'est uniquement ainsi que nous

Le maître spirituel

pourrons progresser dans le domaine spirituel. Avoir de la dévotion pour le maître consiste à s'abandonner totalement à lui.

❦

À l'exception de quelques êtres rares qui ont développé de fortes tendances spirituelles au cours d'existences antérieures, la réalisation de Soi n'est possible pour personne sans la grâce d'un maître authentique. Considérez le maître comme une manifestation de Dieu en ce monde Et sa parole, si insignifiante soit-elle, comme un ordre. Obéissez-lui de manière implicite. Tel est le véritable service du maître. Il n'y a pas d'austérité plus grande. La bénédiction du maître se répand spontanément sur un disciple obéissant.

❦

Un vrai maître n'est pas limité à son corps. Quand vous aurez pour le maître un amour désintéressé, vous le verrez non seulement dans son corps mais dans tout ce qui existe en ce monde, animé ou inanimé. Apprenez à considérer tous les êtres comme la forme vivante du maître, et servez-les en conséquence.

ॐ

L'Ashram est le corps d'Amma. Servir l'ashram, c'est servir Amma. L'Ashram n'est la propriété de personne ; c'est un moyen d'apporter la paix et la sérénité au monde entier.

ॐ

Ceux qui reçoivent d'Amma un mantra devraient mener une vie disciplinée et ordonnée. Ils devraient renoncer aux habitudes néfastes telles que prendre des drogues, fumer et boire. Ils devraient observer la chasteté jusqu'au mariage. Et une fois mariés, suivre les conseils d'Amma dans leur vie de couple. Mes enfants, l'attitude idéale est de tout confier à votre maître spirituel., sans jamais rien lui cacher. Le disciple devrait éprouver pour le maître l'amour et l'attachement qu'un enfant a pour sa mère. C'est à cette condition qu'il peut progresser spirituellement.

Pour Amma, tous sont Ses enfants. Aux yeux d'Amma, aucun défaut de Ses enfants n'est sérieux. Cependant, comme Amma est également considérée comme un Guru, il est essentiel pour le progrès des disciples qu'ils se conduisent correctement. Amma pardonne toutes les fautes de Ses enfants, mais la Nature est régie par certaines lois ; il existe par exemple des lois karmiques, qui impliquent que les gens sont punis de leurs péchés. Considérez toute peine et toute souffrance comme propice à votre croissance spirituelle.

Le service désintéressé

Simplifiez votre vie et employez les économies ainsi réalisées à faire la charité. Contribuez aux œuvres caritatives. Vous pouvez par exemple subventionner l'impression et la publication d'ouvrages sur la spiritualité pour qu'ils soient vendus à un prix plus abordable. Les plus pauvres pourront alors les acheter et les lire. Nous pouvons ainsi contribuer à leur culture spirituelle.

Efforcez-vous de consacrer au moins une heure par jour au service d'autrui. Si les aliments nourrissent le corps, le service désintéressé nourrit l'âme. Si vous n'avez pas le temps de le faire chaque jour, réservez au moins quelques

Le service désintéressé

heures par semaine à des actes de service qui en valent la peine.

⁕

Il n'est pas bon de donner de l'argent aux mendiants. Offrez-leur plutôt de la nourriture ou des vêtements. Ils risqueraient de faire mauvais usage de l'argent en achetant de l'alcool ou des drogues. Ne leur laissez pas la possibilité de s'égarer. Essayez de voir en eux non pas des mendiants mais Dieu Lui-même. Remerciez-le pour la chance qu'Il nous offre de Le servir.

Mieux vaut ne pas donner à manger aux mendiants plutôt que de leur servir une nourriture avariée dans une assiette sale. Ne donnez jamais rien avec mépris. Des actes et des paroles inspirées par l'amour, telles sont les aumônes les plus précieuses.

⁕

Il est propice d'accomplir dans un temple ou un ashram les rituels qui rythment notre vie, tels que le choix d'un nom, le don de la première nourriture solide, la première écriture, ou le mariage. Distribuez à cette occasion nourriture et vêtements aux nécessiteux. Les dépenses encourues lors d'un mariage devraient être réduites à leur minimum. Avec les économies ainsi réalisées financez le mariage d'une fille pauvre ou l'éducation d'un enfant.

༺❀༻

Le renoncement devrait faire partie de notre vie. Si vous avez l'habitude d'acheter dix tenues par an, achetez-en une de moins cette année et deux de moins l'année prochaine. Vous réduirez ainsi votre garde-robe aux vêtements dont vous avez réellement besoin. L'argent ainsi économisé par dix personnes serait suffisant pour construire une maison à quelqu'un qui en a vraiment besoin, par exemple une personne handicapée ou très pauvre (en Inde). Ceci pourra éventuellement les encourager à se tourner vers la spiritualité. La sobriété de votre

Le service désintéressé

mode de vie et votre vertu serviront d'exemple aux autres et les pousseront à changer. Réduisez non seulement le luxe vestimentaire, mais sous toutes ses formes. Utilisez l'argent ainsi économisé à des fins charitables.

❦

Consacrez une partie de vos revenus à aider les autres. Si vous ne pouvez pas donner de l'argent directement à ceux qui en ont besoin, donnez-le à un ashram ou à une institution spirituelle qui organise des oeuvres sociales. Vous pouvez par exemple mettre des publications sur la spiritualité à la disposition des bibliothèques publiques ou de celles des écoles ou des universités. Votre altruisme et votre désintéressement non seulement aideront les autres, mais vous permettront d'ouvrir votre coeur. Celui qui cueille une fleur pour l'offrir à Dieu est le premier à jouir de son parfum et de sa beauté. De même, c'est notre être intérieur qui s'éveille grâce aux actes désintéressés que nous accomplissons. Notre souffle même, imprégné de bonnes pensées, est bénéfique aux autres autant qu'à Mère Nature.

Quand vous servez le monde avec désintéressement, c'est Amma Elle-même que vous servez.

Karma yoga
(la voie de l'action)

Quelle que soit la prééminence de votre rang dans la société, considérez-vous toujours comme les serviteurs de vos frères humains. Pensez que Dieu vous a donné ce statut élevé afin que vous puissiez aider ceux qui en ont besoin. L'humilité et la modestie s'éveilleront alors automatiquement dans votre cœur. Quand vous accomplissez votre tâche avec l'attitude d'un serviteur de Dieu, votre travail devient une *sadhana*. Sur votre lieu de travail, Témoignez de l'amour et de l'amitié à tous, qu'ils soient vos supérieurs ou vos subordonnés. Votre comportement envers autrui détermine la façon dont le monde vous traitera.

❦

Si un supérieur vous donne une semonce, considérez que Dieu vous donne l'occasion d'éliminer votre ego et de faire table rase des sentiments d'hostilité qui pourraient surgir en vous. De même, si vous devez faire preuve de sévérité envers un subordonné, prenez bien soin de ne pas laisser la haine ou l'irritation vous envahir. Aux yeux d'un chercheur spirituel authentique, les supérieurs, les subordonnés et les collègues ne sont que différentes formes de Dieu.

❦

Ne pensez jamais que vous travaillez uniquement pour un patron ou pour une entreprise. Accomplissez votre devoir comme un service au Divin, alors votre travail ne sera plus simplement une façon de faire un certain nombre d'heures pour obtenir un salaire. Vous serez consciencieux et attentifs. La qualité première d'un aspirant spirituel, c'est une *shraddha* parfaite[4], c'est-à-dire une attention parfaite à la tâche qu'il accomplit et un dévouement total.

❦

Soyez toujours prêts à travailler plus que ne l'exige le règlement. Seul un tel travail, accompli sans désir de louanges ou de reconnaissance, mérite le nom de service désintéressé.

❦

Placez une image ou une photo de votre divinité bien-aimée ou de votre maître spirituel en évidence sur votre lieu de travail. Cela vous aidera à garder constamment à l'esprit la pensée de Dieu. Il n'y a pas lieu d'en avoir honte. Vous

---

[4] Le mot *shraddha* signifie en sanscrit : la foi enracinée dans la sagesse et l'expérience, tandis que le même mot en malayalam a le sens de : conscience et attention apportées à chaque action. Amma emploie souvent ce terme dans le deuxième sens.

donnerez ainsi un bon exemple qui servira de modèle aux autres.

⁂

« Je suis une personne importante ; j'occupe une position élevée dans la société. Comment pourrais-je me rendre au temple et y vénérer la divinité au milieu de la foule où les gens se bousculent ? N'est-ce pas humiliant ? » De telles pensées jaillissent de l'ego. Le certificat de grandeur donné par la société n'a aucune valeur. C'est un certificat de Dieu qu'il nous faut.

⁂

Grâce à un effort constant, il est possible de répéter le mantra intérieurement quel que soit le travail dans lequel on est engagé. Seules les actions accomplies avec le souvenir de Dieu ou bien offertes à Dieu sont réellement du Karma Yoga. Le travail que nous accomplissons en le considérant comme l'œuvre de Dieu ne nous lie pas à ce monde. Où que nous soyons, répétons sans cesse le nom divin et rendons hommage à Dieu et au maître spirituel.

Satsang (demeurer en sainte compagnie)

Si vous vous réunissez dans un temple ou dans un ashram pour chanter des *bhajans* et participer à des *satsangs* au lieu de gaspiller votre temps à bavarder et à regarder des films, cela est profitable tant à vous qu'à l'environnement. Vous pouvez aussi choisir un endroit solitaire pour méditer ou chanter des hymnes. N'hésitez pas à inviter des amis et des collègues de travail lorsque vous organisez un *satsang*.

❦

Prenez l'habitude de vous réunir une fois par semaine, soit dans un endroit fixe soit par rotation dans différentes maisons pour l'*archana*, les *bhajans* et la méditation. Si vous distribuez des fruits ou des sucreries en *prasad* (offrandes bénies), les enfants auront envie eux aussi de participer à ces réunions. La culture spirituelle qu'ils acquièrent dans leur enfance restera vivante en eux quand ils seront adultes. Ceux qui participent à ces réunions spirituelles peuvent aussi partager un repas. Cela cimentera l'unité entre vous, le sentiment d'être une famille spirituelle. L'*archana* et l'adoration réduiront au minimum les difficultés qui pourraient venir d'influences planétaires néfastes et l'atmosphère aussi s'en trouvera purifiée. Le fait de participer aux *satsangs* remplira votre cœur de la pensée de Dieu.

La maison

Quoi que vous entrepreniez, accordez une place à Dieu. Ceux qui n'ont pas la possibilité de réserver une pièce entière à l'adoration peuvent au moins consacrer un coin de leur maison spécialement au *japa*, à la méditation ou à l'étude de textes traitant de spiritualité. Ce lieu ne devrait être utilisé que pour des pratiques spirituelles. Ne reléguez pas Dieu dans le cagibi sous l'escalier. Comportons-nous en serviteurs de Dieu, ne Le mettez pas à l'endroit généralement attribué aux domestiques.

❧

Au coucher du soleil, allumez une lampe avec du beurre clarifié (ghee) ou de l'huile végétale, et réunissez-vous tous autour d'elle pour

La maison

chanter des hymnes et méditer un moment. Ne forcez personne à participer à l'adoration. Ne vous tourmentez pas si quelqu'un ne s'y joint pas. Dans l'ancien temps (en Inde), réciter des prières à la tombée de la nuit était une pratique courante dans tous les foyers. elle est aujourd'hui tombée en désuétude et nous subissons les conséquences de cette négligence. Au crépuscule, au moment où le jour se mêle à la nuit, l'atmosphère est impure. La méditation et les chants dévotionnels nous permettent de concentrer notre esprit, ce qui le purifie et purifie aussi l'environnement. Par contre, Si nous nous laissons aller à des conversations et à des divertissements frivoles, les vibrations du monde pollueront encore davantage notre mental.

Efforçons-nous toujours de cultiver la vision de l'unité et non celle de la diversité. Il n'est pas nécessaire de placer autre chose que les images du maître spirituel et des divinités bien-aimées des membres de la famille dans la pièce réservée à la méditation. La pièce et les images doivent être nettoyées quotidiennement.

Certains dévots ont des images spéciales des dieux et des déesses qu'ils accrochent au mur les jours de festivals, comme l'anniversaire de Krishna, Shivaratri, etc. Il n'y a aucun mal à cela. Le lait porte différents noms en différentes langues, sa substance n'en est pas pour autant modifiée. Ainsi, le Seigneur, bien qu'Il soit connu sous d'innombrables noms, est Un.

Il est bon d'accrocher une photo du maître spirituel ou de la divinité d'élection bien en évidence dans chaque pièce. Les épousseter chaque jour accroîtra votre *shraddha* (l'attention consciente) et votre dévotion.

Autrefois en Inde, chaque famille plantait un

La maison

tulasi (basilic) dans un endroit spécial du jardin. Il était également courant de faire pousser des plantes aux fleurs odorantes destinées à l'adoration quotidienne. Elles ont aujourd'hui été remplacées par des plantes décoratives et par des cactus. Cela reflète le changement de la disposition intérieure des gens. Une plante de basilic ou un arbre *cratæva* sont considérés comme sacrés et apportent, selon la croyance, la prospérité à la maison qui les cultive et les vénère. Il faut les arroser chaque jour, et quand nous entrons ou sortons de la maison, nous devons les saluer. Les anciens avaient l'habitude de toucher la Terre Mère en signe de respect avant de poser le pied sur le sol quand ils se levaient le matin. Ils se prosternaient devant le soleil levant, voyant en lui l'incarnation du divin et celui qui donne la vie. Ils vivaient en harmonie avec la Nature. Ils voyaient l'essence de Dieu en toute chose. Ils possédaient la joie, la paix et la santé qu'engendre une telle disposition d'esprit.

❦

Le *tulasi* (basilic) et de nombreuses fleurs odorantes possèdent également des propriétés médicinales. En les cultivant près de la maison nous purifions l'atmosphère. Ceux qui possèdent suffisamment de terrain peuvent faire pousser un petit jardin de fleurs. Quand vous jardinez, répétez toujours votre mantra. Le fait de savoir que les fleurs sont destinées à l'adoration vous aidera à fixer votre esprit sur Dieu.

❦

Chaque maisonnée devrait utiliser une portion de son terrain pour faire pousser des arbres et des plantes. Cela purifiera l'environnement et contribuera à maintenir l'harmonie de la Nature. Dans le passé, chaque maison possédait un bosquet et un étang attenant. Les

La maison

habitants de la maison et l'ensemble de la société en bénéficiaient.

∽⚜∾

C'est la propreté qui rend la maison propice, non le clinquant extérieur. Soyez attentifs, quotidiennement, à garder propres la maison et ses alentours. Ne pensez pas que ce soit la tâche des femmes ou d'une personne en particulier. Il vaut mieux que chacun à la maison y mette du sien. Les coutumes traditionnelles, comme celle de ne pas entrer en gardant aux pieds les chaussures d'extérieur, et de placer de l'eau devant la porte pour que les gens puissent se laver les pieds avant d'entrer, contribuent à favoriser un sentiment spirituel de respect envers nos habitations.

∽⚜∾

Traitez les domestiques avec dignité. Ne blessez pas le respect qu'ils ont d'eux-mêmes. Ne leur donnez pas les restes de nourriture. Il faut les traiter comme nos propres frères et sœurs.

❧

Considérez la cuisine comme un lieu d'adoration. Elle doit être propre et rangée. Ne commencez à cuisiner qu'après avoir pris votre douche du matin. Répétez votre mantra et préparez la nourriture comme une offrande à Dieu. Imaginez qu'Il reçoit l'essence de la nourriture avant qu'Elle soit servie à table. Avant de vous retirer, le soir, assurez-vous que la cuisine est propre, que toute la vaisselle est lavée et que le sol a été balayé. Ne laissez traîner aucune nourriture.

❧

Au début de chaque repas, il est bon que les parents mettent une poignée de nourriture dans la bouche de chacun de leurs enfants ; c'est une bonne coutume. Cela renforcera les liens d'amour et d'affection au sein de la

La maison

famille. Autrefois, en Inde, la femme mangeait les restes de son mari en considérant qu'il s'agissait du *prasad* de Dieu. Les femmes voyaient en leur époux une forme visible de Dieu. Où trouverait-on aujourd'hui une telle relation ? Tout homme aimerait avoir une femme pareille à Sita, l'épouse pure et parfaite du seigneur Rama, mais aucun ne se demande s'il vit comme Rama, qui était l'incarnation de toutes les nobles vertus.

❦

Si vous avez des animaux domestiques, ne mangez jamais avant de les avoir nourris. Voyez Dieu en tout être vivant et nourrissez vos animaux avec cette attitude.

❦

Tous les habitants de la maison devraient participer aux tâches domestiques. Cela renforcera le lien d'amour entre les membres de la famille. Les hommes ne devraient pas considérer le travail de la cuisine comme une besogne exclusivement féminine et s'en abstenir. Confiez aussi aux enfants des travaux à leur portée.

Style de vie simple

Cultivez le détachement et réduisez votre train de vie. Efforcez-vous de mener une vie simple, en réduisant vos possessions au minimum. Un aspirant spirituel ne devrait pas courtiser les plaisirs.

❦

En faisant un peu attention, on peut économiser une bonne partie de l'argent que l'on consacre à construire ou à acheter une maison grande et luxueuse. Les gens dépensent ainsi toutes leurs économies et se retrouvent endettés. Mieux vaut posséder une maison modeste et éviter le luxe. Si vous avez le désir de construire ou d'acheter une maison très coûteuse pour n'y loger que quatre ou cinq personnes, pensez aux innombrables familles pauvres, sans-abri, qui passent les nuits dehors, dans la pluie et le froid.

❦

Il est préférable d'éviter les vêtements aux couleurs vives et éclatantes, afin de ne pas attirer l'attention. Si les gens font attention à nous, notre conscience sera elle aussi attirée dans leur direction. Efforçons-nous de cultiver la simplicité dans nos vêtements et dans notre style de vie. Les femmes devraient renoncer à désirer des bijoux. Les paroles et les actes de bonté sont nos véritables joyaux.

❦

Ne jetez pas les vêtements usagés : nettoyez-les et donnez-les à ceux qui ne peuvent pas s'acheter de vêtements.

❦

Agissez toujours sans attendre les fruits de l'action. Cette attente engendre la souffrance.

Style de vie simple

Dédiez votre vie au Seigneur. Ayez foi en Sa protection. La vie de famille, vécue avec l'attitude juste, constitue un entraînement à l'abandon total de soi. Comprenez bien que votre femme ou votre mari, que vos enfants ne vous appartiennent pas, et réciproquement. Sachez que tout n'appartient qu'à Dieu seul, soyez-en totalement convaincu. Alors Dieu se chargera de votre fardeau : Il vous prendra par la main et vous conduira jusqu'au but.

La nourriture

Mes enfants, pas une seule parcelle de ce que nous mangeons n'est un pur produit de notre effort personnel. Ce qui vient à nous sous forme de nourriture est le fruit du labeur de nos frères humains, de la générosité de la Nature et de la compassion de Dieu. Vous aurez beau posséder des millions de dollars, Il vous faudra quand même de la nourriture pour apaiser votre faim. Peut-on manger des dollars ? Par conséquent, ne mangez jamais sans prier préalablement, avec humilité.

Mangez toujours assis. Il n'est pas bon de manger debout ou en se promenant.

La nourriture

Lorsque vous mangez, ne vous concentrez pas uniquement sur le goût de la nourriture. Imaginez que votre divinité d'élection (ou votre maître spirituel) est présente en vous et que vous La nourrissez. Ainsi, manger deviendra un acte d'adoration. Si vous nourrissez un enfant, imaginez qu'il s'agit de votre divinité d'élection. Ne parlez pas en mangeant. Quand c'est possible, Les membres de la famille devraient manger ensemble. Prenez un peu d'eau dans la paume de votre main droite et récitez le *bhojana* mantra[5] ou votre propre mantra. Passez ensuite votre main au-dessus de la

---

[5] *Om Brahmarpanam Brahma havir*
Brahmagnau Brahmana hutam
Brahmaiva tena gantavyam
Brahma karma samadhinah
Om shanti shanti shanti

Brahman est l'oblation, Brahman est l'offrande. C'est par Brahman que l'oblation est versée dans le feu de Brahman. Celui qui voit Brahman en toute action atteint Brahman.

nourriture, trois fois, dans le sens des aiguilles d'une montre puis buvez l'eau. Fermez les yeux et priez quelques minutes : « Seigneur, puisse cette nourriture me donner la force d'accomplir Ton œuvre et de Te réaliser. »

❦

Consommez votre nourriture en répétant mentalement votre mantra. Cela purifiera et la nourriture et votre esprit.

❦

La disposition intérieure de celui qui prépare la nourriture se transmet à ceux qui la consomment. C'est pourquoi, dans la mesure du possible, la mère devrait cuisiner pour toute famille. Si elle prépare les repas en récitant son mantra, la nourriture apportera à tous des bienfaits spirituels

❦

Voyez dans la nourriture la Déesse Lakshmi (la déesse de la prospérité) et recevez-La avec dévotion et révérence. La nourriture est *Brahman* (l'Être Absolu). En mangeant, ne discutez jamais des fautes des autres ni de leurs faiblesses. Considérez les aliments comme le *prasad* du Seigneur.

○○○

Il est impossible de maîtriser le mental sans contrôler le sens du goût. Notre premier souci en sélectionnant nos aliments devrait être La santé, non le goût. Nous ne connaîtrons pas l'expérience ultime, l'épanouissement du cœur, avant d'avoir renoncé au goût de la langue.

○○○

Ceux qui parmi vous suivent une *sadhana* devraient être attentifs à ne consommer qu'une nourriture végétarienne simple et fraîche (nourriture *sattvique*). Il est préférable d'éviter les mets excessivement salés, sucrés, épicés ou acides. Notre mental est fait de l'essence subtile de ce que nous mangeons. Une nourriture pure engendre un esprit pur.

❦

Prenez un petit déjeuner léger. Il vaudrait même mieux vous en passer. Mangez à satiété au déjeuner et ne faites qu'un repas léger le soir.

❦

Ne remplissez pas complètement votre estomac. Un quart devrait restait vide. Cela aidera votre corps à digérer correctement la nourriture. Manger jusqu'à l'étouffement fatigue le cœur.

❦

L'excès de nourriture est dangereux non seulement pour la *sadhana* mais aussi pour la santé. Perdez l'habitude de manger entre les repas ou quand cela vous chante. Des repas réguliers, en quantité modérée, favorisent la santé et le contrôle du mental. Mangez pour vivre, ne vivez pas pour manger.

La nourriture

❦

Le week-end, il est bon de jeûner une journée, ou bien de ne faire qu'un seul repas ce jour-là, et de pratiquer le *japa* et la méditation chez soi ou dans un ashram. Peu à peu, vous parviendrez à jeûner une journée complète une fois par semaine. Vos pratiques spirituelles et votre santé en bénéficieront. Si vous ne pouvez pas faire un jeûne complet, Ne consommez que des fruits. Il est bon de jeûner également Les jours de pleine lune et de nouvelle lune.

❦

Ne mangez pas à la tombée de la nuit. Il est écrit dans les anciennes épopées que le Seigneur Vishnou tua le démon Hiranyakashipou à ce moment de la journée. Le crépuscule est l'heure où l'air est le plus impur. Il faut donc répéter le nom du Seigneur et se remplir l'esprit de nourriture divine.

❦

Il est excellent de prendre des laxatifs deux fois par mois pour nettoyer en profondeur les intestins, surtout pour ceux qui suivent une *sadhana*. L'accumulation des matières fécales dans le corps est un obstacle à la concentration et pollue les pensées.

❧

Amma ne demande pas à ceux qui mangent de la viande et du poisson de cesser immédiatement de le faire. Mais pour la *sadhana*, il est recommandé de se convertir peu à peu à une diète entièrement végétarienne. Mes enfants, mettre fin à une habitude, quelle qu'elle soit, est extrêmement difficile. Étudiez votre mental et avec le temps, devenez-en le maître.

❧

Chacun sait qu'il est mauvais pour la santé de fumer et de boire de l'alcool. Pourtant, la plupart des gens ayant contracté ces habitudes trouvent difficile de s'en libérer. Comment

La nourriture

celui qui ne peut se sortir des griffes de la cigarette peut-il espérer réaliser Dieu ? Si vous ne parvenez pas à cesser de fumer du jour au lendemain, essayez de mâcher un substitut comme la cardamome ou la réglisse, ou bien de boire un verre d'eau quand le besoin de fumer survient. Si vous essayez sincèrement, vous pouvez renoncer au tabac et à toute autre mauvaise habitude en un temps très court.

❧

Si le café et le thé nous apportent une stimulation provisoire, leur consommation régulière est nuisible pour la santé. Renoncez à cela aussi.

❧

Mes chers enfants, si vous buvez, prenez la ferme résolution de renoncer totalement à l'alcool. L'alcoolisme détruit la santé et affaiblit l'esprit, il ruine les finances et la paix familiales. Ne consommez pas d'alcool, pas même pour plaire à vos amis.

Lumière Immortelle

❦

Ne consommez aucune substance toxique. Servez le monde, au lieu de ruiner votre santé en fumant et en buvant. L'argent gaspillé peut servir à tant d'autres choses utiles. Avec les sommes qui partent en fumée, vous pourriez aider à appareiller à un handicapé, financer l'opération de la cataracte pour un pauvre, ou offrir une chaise roulante à un paralysé. Ou bien, vous pouvez acheter des livres sur la spiritualité pour la bibliothèque locale.

❦

Laisser la nourriture pourrir ou la jeter à moitié mangée est une offense à la société. Pensez combien de gens souffrent parce qu'il ne peuvent pas s'offrir un seul repas par jour. Lorsqu'un voisin meurt de faim, peut-on joyeusement déguster un repas somptueux ? Nourrir les affamés, c'est adorer Dieu.

❦

La vie matrimoniale

Mes enfants, le mari et la femme devraient s'aimer et se servir mutuellement en voyant Dieu en l'autre. Ils formeront ainsi un couple idéal, un modèle pour leurs enfants et pour les autres.

❧

Les époux devraient vénérer Dieu ensemble, méditer, répéter un mantra et lire des textes spirituels. Ils devraient servir le monde, et transformer leur maison en un ashram. En progressant ensemble dans leur *sadhana*, ils atteindront sans nul doute la libération.

❧

Le conjoint ne devrait pas constituer un obstacle sur le chemin spirituel. Il ne faut pas renoncer à la vie spirituelle si votre époux ou votre épouse n'approuve pas vos pratiques. Il est cependant tout aussi erroné de négliger son devoir au nom de la vie spirituelle. Amma a vu de nombreuses personnes le faire ; ce n'est jamais correct. Quand c'est le moment d'accomplir une tâche, faites-le en pensant à Dieu. Si vous vous asseyez à ce moment-là pour méditer en négligeant votre devoir, vous ne ferez aucun progrès. Ne faites pas souffrir votre époux s'il s'oppose à votre *sadhana*. Essayez plutôt, tout en accomplissant votre devoir familial, de prier Dieu pour qu'Il apporte un changement dans l'esprit de votre conjoint.

❦

Deux ou trois jours par semaine au moins, les couples devraient s'abstenir de relations sexuelles. Essayez peu à peu de parvenir à la chasteté la majeure partie du temps. Abstenez-vous de relations pendant les nuits de pleine lune ou de lune noire et quand la femme a ses

La vie matrimoniale

---

règles. Efforcez-vous de vivre en frère et sœur après la naissance d'un ou deux enfants. C'est essentiel pour tirer pleinement profit de la *sadhana* et pour progresser au niveau spirituel.

◈

Chaque fois que vous avez des relations sexuelles, demandez-vous : « Ô mon mental, d'où cette joie vient-elle ? Ne me retire-t-elle pas simplement ma force ? » Tout plaisir obtenu par des moyens autres que le contrôle du mental affaiblit le corps. La relation entre le mari et la femme devrait se transformer afin que cet amour devienne pur et soit vécu au niveau du cœur. Le désir est absent d'un tel amour. Progressez sur le chemin de la vertu, gardant l'esprit fixé exclusivement sur le Seigneur.

◈

Mes enfants, un enfant suffit. Deux tout au plus, mais pas davantage. Si vous avez moins d'enfants, vous pourrez les élever avec plus de soin. Les mères devraient insister pour nourrir leurs enfants au sein. Répétez le nom du Seigneur lorsque vous nourrissez votre enfant et priez : « Seigneur, élève cet enfant pour qu'il serve le monde ! C'est Ton enfant. Accorde-lui toutes les nobles qualités. » Alors l'enfant sera intelligent et réussira dans la vie.

❦

Les hommes mariés devraient s'abstenir de relations avec d'autres femmes que leur épouse. Il en va de même pour les femmes mariées : elles ne doivent pas s'abandonner à un autre homme que leur époux.

❦

Quand un différend surgit au sein de la famille, soyez prêt à en discuter et à résoudre le problème le jour même au lieu de repousser cela à plus tard. Tout le monde peut répondre à l'amour par l'amour, il n'y a en cela rien d'extraordinaire. Essayons de répondre à la haine par l'amour. Cela seul donne la véritable mesure de notre grandeur. C'est quand nous sommes prêts à pardonner et à nous accommoder des fautes et des faiblesses de chacun que la paix peut régner dans la famille. Pour modeler le caractère des enfants, il est essentiel que les parents mènent une vie exemplaire. Si les parents ne donnent pas l'exemple, comment pourraient-ils élever correctement leurs enfants ?

೧⊱⊰೧

Les enfants conçus à la tombée de la nuit sont souvent des handicapés mentaux. Il s'agit d'un moment où les pensées orientées vers le monde sont à leur apogée. C'est pourquoi il est d'autant plus nécessaire de pratiquer l'adoration, l'*archana*, le *japa* et la méditation pendant ces heures crépusculaires.

೧⊱⊰೧

Les couples devraient observer strictement

la chasteté à partir du moment où la femme est enceinte de trois ou quatre mois. Évitez toutes discussions, et les films et magazines qui éveillent les désirs vulgaires et les passions. Lisez plutôt des livres spirituels chaque jour, pratiquez le *japa* et la méditation. Les vagues de pensées et les émotions de la mère jouent un rôle important dans le développement du caractère de l'enfant qu'elle porte en son sein.

L'éducation des enfants

Jusqu'à l'âge de cinq ans, les enfants devraient être entourés de beaucoup d'amour. De cinq à quinze ans, ils devraient être élevés dans une discipline très stricte en particulier dans le domaine de leurs études. C'est pendant cette période que sont édifiées les fondations de leur vie. L'amour sans discipline les gâterait. Passé l'âge de quinze ans, les enfants ont besoin de recevoir un maximum d'amour, sinon ils risquent de se fourvoyer.

❦

De nombreux adolescents et adolescentes ont confié à Amma que le manque d'amour à la maison était la cause de leur mauvaise conduite. Durant l'adolescence, les enfants aspirent ardemment à être aimés tandis que leurs parents les punissent et les grondent sévèrement pour les discipliner. Ils ne permettent pas à leurs enfants de les approcher et ne leur montrent aucun amour, aucune affection.

Faire preuve d'une affection et d'une indulgence excessives à un âge où les enfants ont besoin d'être disciplinés peut les gâter, les rendre paresseux et indifférents à leurs études. Par contre, quand ils sont plus âgés, il faut non pas les réprimander avec sévérité mais au contraire, leur montrer leurs erreurs et les corriger à l'aide de la raison et de la logique.

❧

Les parents devraient commencer à inculquer les fondements de la spiritualité à leurs enfants en bas âge. Même s'ils contractent ensuite de mauvaises habitudes en grandissant, en temps voulu, les bonnes impressions gravées dans leur subconscient les ramèneront vers le droit chemin.

L'éducation des enfants

❦

N'insultez et ne critiquez personne en présence d'un enfant. Il vous imitera. La fortune vient aujourd'hui et s'envole demain, mais un bon caractère dure toute la vie. C'est pourquoi les parents riches doivent eux aussi s'assurer que leurs enfants grandissent en apprenant l'humilité et la confiance en soi.

❦

Enseignez à vos enfants à être humbles envers les professeurs et les maîtres spirituels. L'enseignement, particulièrement quand il touche à la spiritualité, ne sera bénéfique que s'il s'enracine dans la terre de l'humilité. Certains pensent que les enfants allant à l'école n'ont pas besoin de travailler. Ce n'est pas correct. L'éducation reçue à l'école n'est pas une préparation suffisante à la vie. Les enfants devraient apprendre à contribuer à toutes les tâches domestiques.

❦

Il fut un temps où les enfants exprimaient leur amour et faisaient preuve de respect envers leurs parents et leurs aînés[6]. Maintenant, ces habitudes ont pratiquement disparu. Les chefs de famille devraient servir de modèle à leurs enfants en témoignant de l'amour et du respect envers leurs propres parents. Pourquoi les enfants feraient-ils montre de respect envers leurs parents si ceux-ci négligent les grands-parents et ne leur témoignent aucun respect ? Les parents devraient toujours montrer l'exemple à leurs enfants.

❧

Les parents qui chantent des berceuses à leurs enfants et leur font la lecture quand ils vont

---

[6] En Inde, il est de coutume de toucher les pieds des aînés, des parents, des moines ou du Guru des deux mains puis de se toucher le front, les yeux ou le cœur en signe de respect. C'était autrefois dans chaque maison le premier acte de tous les enfants quand ils se levaient le matin ou avant de partir à l'école.

L'éducation des enfants

se coucher devraient choisir des chants dévotionnels et des histoires qui leur enseignent la spiritualité. Cela aidera les enfants fixer leur esprit sur Dieu. La culture spirituelle s'enracinera profondément dans leur subconscient. Choisissez également avec soin les livres qu'ils lisent.

❦

Les enfants devraient apprendre à connaître leur culture et à en être fiers. Donnez-leur des noms qui reflètent leur culture et évoquent le souvenir de Dieu et des maîtres spirituels. Dès leur plus jeune âge, aidez-les à établir une relation avec Dieu en leur racontant des histoires qui parlent des incarnations divines ou de la vie des saints. Il fut un temps, en Inde, où tout le monde apprenait dès l'enfance le Sanscrit, le langage des Écritures. Cela les aidait à absorber très tôt les graines de la spiritualité. Ceux qui n'étudiaient pas directement les Écritures pouvaient fonder leur vie sur les principes de la spiritualité au contact de ceux qui avaient appris.

Vanaprastha (la retraite)

Lorsque les enfants ont grandi et sont capables de subvenir à leurs besoins, le couple devrait se retirer dans un ashram et mener une vie spirituelle. Les époux devraient travailler à leur croissance spirituelle en se consacrant à la méditation, au *japa*, et au service désintéressé. Pour que cette transition soit possible, il est nécessaire de cultiver dès le début de notre vie spirituelle un attachement fort et exclusif à Dieu. Sans un tel lien, le mental s'accrochera à ses chaînes : aux enfants d'abord, puis aux petits enfants, et ainsi de suite. Ces chaînes sont inutiles, tant à nous qu'aux enfants. Si nous leur permettons de persister, nous aurons gâché notre vie. Si en revanche nous consacrons notre vie à la *sadhana*, le pouvoir spirituel que nous acquérons ainsi nous aide et aide le monde entier. Par conséquent, prenez l'habitude de détacher votre esprit des innombrables objets du monde et de le tourner entièrement vers Dieu. Lorsque nous versons de l'huile de récipient en récipient, nous en perdons un peu à chaque fois ; ainsi, en attachant le mental à de nombreux objets, nous perdons le peu de pouvoir spirituel que nous possédons. Quand l'eau est recueillie dans un réservoir, elle peut alimenter tous les robinets. De même, si nous parvenons à concentrer constamment notre esprit sur Dieu, quel que soit le travail dans lequel nous sommes engagé, tous les membres de la famille en recevront les bienfaits. Le but ultime de la vie n'est pas d'amasser des richesses pour soi-même et pour ses enfants. Notre vie devrait être axée sur notre développement spirituel.

Divers

Si vous perdez un million de dollars, il est possible de les regagner. Mais si vous perdez une seconde, elle ne reviendra jamais. Chaque instant où vous ne pensez pas à Dieu est irrémédiablement perdu.

◈

L'âme est Dieu. La véritable ascèse, c'est d'agir en gardant le souvenir constant de Dieu.

◈

La méditation et le *japa* ne sont pas les seules formes de *sadhana*. Le service désintéressé est aussi une *sadhana*. Et c'est le chemin le plus simple pour le épanouissement du Soi. Lorsque nous achetons des fleurs pour un ami, nous sommes les premiers à jouir de leur parfum et de leur beauté. Ainsi, grâce au service désintéressé, notre cœur s'ouvre et nous sommes les premiers à en goûter la félicité.

○○○

Faire du *pranayama* (contrôle de la respiration) sans mener une vie de strict célibat peut engendrer des complications. Le *pranayama* doit toujours être entrepris sous la direction d'un vrai maître.

○○○

Ne regardez pas les fautes et les échecs des autres, n'en parlez pas. Essayez plutôt de toujours voir le bien en autrui. Si vous vous blessez la main, vous ne la blâmez pas, vous appliquez un médicament sur la plaie et la traitez avec beaucoup de soin. Servons les autres avec la même bienveillance, sans les blâmer pour leurs erreurs.

○○○

Si nous marchons sur une épine et qu'elle nous

Divers

perce la plante du pied, les larmes versées ne nous libèreront ni de l'épine ni de la douleur. Il faut extraire l'épine et appliquer une pommade sur la plaie. Ainsi, il n'y a pas lieu de pleurer pour les choses transitoires qui nous font mal. Si nous versons des larmes pour Dieu, notre coeur devient pur et nous acquérons la force de surmonter tous les obstacles. C'est pourquoi, mes enfants chéris, abandonnez tout à Dieu et soyez forts ! Soyez courageux !

❦

Pleurer pour Dieu n'est pas une faiblesse. Ces larmes lavent les impuretés que sont les mauvaises habitudes accumulées au cours de nombreuses existences. La bougie brille avec plus d'éclat et de clarté à mesure qu'elle fond. Ainsi, les larmes versées pour Dieu accélèrent votre croissance spirituelle. Par contre, lorsque vous vous lamentez pour des objets du monde ou au sujet de votre famille, vous perdez votre force, vous vous affaiblissez.

❧

Mes enfants, quelle que soit l'action que vous êtes en train de faire, soyez conscients que seule la puissance divine vous permet d'agir. Nous voyons souvent le long des routes des panneaux indicateurs qui réfléchissent la lumière. Quand la lumière tombe sur la peinture, celle-ci brille. Ainsi, c'est uniquement grâce à la puissance de Dieu que nous sommes capables de fonctionner. Nous ne sommes que des instruments.

❧

Pour compter les grains d'une poignée de sable, ou pour traverser une rivière sur une corde raide, il faut une concentration et une vigilance extrêmes. Toutes nos actions devraient être accomplies avec la même concentration, la même vigilance.

❧

Ahimsa (le principe de la non-violence) devrait gouverner toute notre vie. *Ahimsa* consiste à

Divers

s'abstenir de causer le moindre tort à qui que ce soit, en pensée, en parole ou en action.

❦

Ce n'est qu'en ouvrant notre cœur et notre esprit que nous trouverons le monde de Dieu, un monde empli de béatitude, au milieu de ce monde rempli de souffrance. Sans l'esprit de pardon et d'humilité, il est impossible de connaître Dieu ni d'attirer sur soi la grâce du Guru. Il faut du courage pour pardonner, surtout dans des situations où on est au bord de la colère. Quand on appuie sur le bouton d'un parapluie, il se déploie et nous protège de la pluie et du soleil. Mais si le bouton refuse de glisser, rien ne se passe. Lorsque la graine pénètre sous la terre, elle germe et devient un arbre. Quand elle est devenue un arbre, nous pouvons même y attacher un éléphant. Mais si la graine refuse de se soumettre, refuse de sortir du panier de graines et de disparaître dans le sol, elle risque d'être mangée par les souris.

Mes enfants, si vous aimez réellement Amma, alors vous verrez Amma en tout et en tous et vous les aimerez comme vous aimez Amma.

La réalisation de Dieu et la réalisation de Soi sont une seule et même chose. Réaliser Dieu, c'est avoir le cœur vaste au point d'être capable d'aimer toutes choses et tous les êtres également.

Glossaire

Ahimsa (non-violence) : S'abstenir de tuer ou de causer de la douleur à tout être vivant, en pensée, en parole ou en action.

Archana (offrande en adoration) : Culte consistant à répéter cent-huit fois, trois cents fois ou mille fois les Noms de la Divinité choisie.

Ashram (lieu de l'effort) : Ermitage ou résidence d'un sage.

Bhagavat Gîta (le chant de Dieu. Bhagavad : du Seigneur ; Gita : chant) Les enseignements donnés par Krishna à Arjouna sur le champ de bataille du Kourukshetra au début de la guerre du Mahabharata. La Gîta constitue un guide pratique pour la vie quotidienne et contient l'essence de la sagesse védique.

Brahman : La Réalité Absolue, le Tout, l'Être Suprême qui contient tout et qui est présent en tout, Un et indivisible.

Bhagavatam Texte sacré décrivant la vie des incarnations du dieu Vishnou, et en particulier celle de Krishna. Il montre la suprématie de la dévotion.

Bhajan Chant dévotionnel.

Dharma : « Ce qui soutient l'univers. » Le mot dharma a de nombreux sens : la loi divine, la loi de l'existence, l'acte juste en accord avec l'harmonie divine, la droiture, la religion, le devoir, la responsabilité, la vertu, la justice, la bonté et la vérité. Le dharma désigne aussi les principes essentiels de la religion. Le dharma ultime d'un être humain est de réaliser sa nature divine innée.

Guru : « Celui qui détruit les ténèbres de l'ignorance » ; guide, maître spirituel.

Glossaire

Gurukula : Un ashram où demeure un Guru vivant, où les disciples vivent et étudient avec le Guru.

Japa : Répétition d'une formule mystique (mantra).

Kali Yuga L'âge noir du matérialisme et de l'ignorance, dans lequel nous vivons actuellement.

Karma : Action.

Kirtan : Répétition chantée du Nom de Dieu ; hymne.

Lalita Sahasranama : Les 1000 Noms de la Mère Universelle sous la forme de Lalitambika. Ces mille noms furent composés il y des milliers d'années par les rishis.

Lalitambika : Un des noms de la Mère divine.

Mahabharata : une épopée qui narre le conflit entre les 5 frères Pandavas (les fils du roi Pandou) et les 100 frères Kauravas leurs cousins (les fils du roi aveugle

Dhritarashtra) ainsi que la guerre qui se déroula entre eux à Kourukshetra. Le Mahabharata, la plus longue épopée du monde, fut écrite il y a environ 5 000 ans par Le sage Vyasa. Il s'agit d'un récit symbolique de la lutte entre le bien et le mal.

Mahatma : Un grand saint, une grande âme.

Mala : Rosaire, généralement fait de graines de rudraksha, de perles de bois de tulasi ou de santal.

Mantra : Formule sacrée ou prière que l'on répète continuellement. Cela éveille en nous les pouvoirs spirituels latents et permet d'atteindre le but de la vie humaine. Le mantra possède une puissance maximale lorsqu'il nous est donné par un maître réalisé.

Ojas : Énergie sexuelle transmuée en énergie vitale subtile grâce aux pratiques spirituelles.

Glossaire

Pranayama : Contrôle du mental par le contrôle du souffle.

Prasad : Offrande consacrée à Dieu ou à un saint, généralement distribuée après le culte. Ce mot désigne aussi tout ce qui est donné par un mahatma, en signe de bénédiction.

Ramayana : « la vie de Rama » : Un des grands poèmes épiques de l'Inde ancienne, qui conte la vie de Rama, écrit par Valmiki. Rama était une incarnation de Vishnou. Une grande partie de cette épopée raconte l'enlèvement de Sita, l'épouse de Rama, par Ravana, le roi-démon du Sri Lanka, et la manière dont Rama et ses dévots réussirent à la libérer.

Sadhana : Discipline spirituelle.

Samsara : Le monde de la pluralité ; le cycle des naissances, des morts et des renaissances.

Samskaras : les empreintes du passé.

Sannyasi/ sannyasini : Un moine ou une nonne qui a fait le vœu de renoncement. Un *sannyasi* porte traditionnellement un vêtement ocre. Cette couleur symbolise le fait que tous ses attachements ont été brûlés dans le feu du renoncement.

Satguru : un maître spirituel ayant réalisé le Soi.

Satsang : *Sat* : la vérité, l'être ; *sanga* : association avec. La compagnie des êtres sages et vertueux. Par extension, leurs enseignements ou un discours donné par un érudit.

Sattva : La bonté, la pureté, la sérénité.

Shraddha : Le mot shraddha signifie en sanscrit : la foi enracinée dans la sagesse et l'expérience, tandis que le même mot en malayalam a le sens de : conscience et attention apportées à chaque action. Amma emploie souvent ce terme dans le deuxième sens.

Glossaire

Suryanamaskar : « salutation au soleil »; exercice qui allie des postures de yoga et le *pranayama* (exercice de respiration).

Tapas : (Littéralement : « chaleur ») : Ascèse ; austérité.

Tulasi : Le basilic sacré.

Vanaprastha : le stade de la vie où l'on se retire. Dans la tradition de l'Inde ancienne, il y avait quatre étapes dans la vie. On envoyait d'abord l'enfant dans une *gurukula* où il menait la vie d'un *brahmachari*. Puis il se mariait et menait une vie de chef de famille, tout en se consacrant à la vie spirituelle (*grihasthashrami*). Quand les enfants du couple étaient en âge d'être indépendants, les parents se retiraient dans un ermitage ou dans un ashram où ils se tournaient entièrement vers la vie spirituelle et la *sadhana*. La quatrième étape de la vie était celle du renoncement total au monde, la vie du *sannyasi*.

Vasana : (vas : vivre, demeurer) : Les vasanas sont les tendances latentes, les désirs subtils du mental qui se manifestent à travers nos actions et nos habitudes. Les vasanas sont le fruit des impressions (samskaras) laissées par nos expériences. Elles existent dans le subconscient.

www.ingramcontent.com/pod-product-compliance
Lightning Source LLC
Chambersburg PA
CBHW061956070426
42450CB00011BA/3073